AF391197

HENRI DE REGNIER
DE L'ACADÉMIE FRANÇAISE

# LE MÉDAILLIER

ILLUSTRATIONS DE
ADOLPHE GIRALDON

PARIS
LE LIVRE CONTEMPORAIN
M. CM. XXIII

LE·MEDAILLIER

IMPRIMÉ
A 118 EXEMPLAIRES
EXEMPLAIRE POUR
DÉPOT LÉGAL.

AINSI QU'ALPHÉSIBÉE IMITE DANS VIRGILE

LES SATYRES DANSANTS QUE SURPREND LE MATIN.

O MON MAITRE, J'ESSAIE, A MON SOUFFLE INCERTAIN,

DE RETROUVER TA VOIX SUR MA FLÛTE FRAGILE.

QUE LA ROSE ÉPHÉMÈRE OU LE LIERRE AGILE

A DÉFAUT DU LAURIER ME COURONNE AU FESTIN

OÙ, COMME TU HAUSSAIS DE TON GESTE HAUTAIN

TA COUPE D'OR, JE LÈVE UNE TASSE D'ARGILE !

SI DE QUELQUE BEAU CHANT RÉSONNE PAR MA BOUCHE

LA RUMEUR ÉCLATANTE, HÉROÏQUE ET FAROUCHE,

QUE LA GLOIRE L'AJOUTE A L'ÉCHO DE TON NOM,

CAR LA TORCHE ALLUMÉE A TON BÛCHER QUI BRÛLE

A FAIT SEULE, AU GALOP SUR LA PENTE DU MONT,

LES CENTAURES S'ENFUIR DEVANT L'OMBRE D'HERCULE !

# LES MÉDAILLES

Regarde. Dans l'argent, l'électrum ou l'airain,
Ou dans l'or pur, selon le pays ou la ville,
Tu peux voir — qu'y fixa la frappe indélébile -
Le symbole civique ou l'attribut divin.


Ces médailles, trésor que soupèse ta main,
Que leur relief soit fruste ou soit parfait leur style,
Pièces à fleur de coin de Grèce ou de Sicile,
Pentadrachme, statère, obole, tout est vain.


Egine, Cos, Chalkis, Cyzique, Syracuse,
Tarente! Le comptoir aujourd'hui les récuse;
Le temps ne leur laissa que leur seule beauté;


Si bien que leur métal, pur comme un rythme d'ode,
En porte encor, peut-être, avec plus de fierté,
L'Épi de Métaponte ou la Rose de Rhodes.

L'OFFRANDE

## L'OFFRANDE

Ce n'est pas a vous, Dieux du flot hellespontique
Dont l'onde, tour a tour, âpre ou calme, a porté,
Dans la brise facile ou le vent irrité,
Ma barque au mât solide où bat la voile unique,

Que j'offrirai, trophée écailleux et nautique,
L'honneur de mon filet, ce beau thon argenté ;
Non, c'est a toi que je le voue, o ma Cité,
O toi qui m'as vu naître et que j'aime, Cyzique !

Comme Agrigente un crabe ou Tarente un dauphin,
Tu frappes ton métal d'un symbole marin.
Reçois donc ce tribut de ma pêche, en hommage,

Puisque dans l'électrum, Cyzique, ou dans l'argent,
Tes pièces de monnaie en conservent l'image
Au revers poissonneux de leur disque luisant.

## LE SALAIRE

Tout le jour, sur le flot du changeant Hellespont
Qui tantôt veut la rame et tantôt la voilure,
Pêcheur, fils de pêcheurs, il a, sans un murmure,
Relevé les filets et lancé le harpon.


Au soleil, la sueur lui coula du menton;
Plus d'une fois l'écaille écorcha sa peau dure,
Mais dans sa barque, au soir, s'entassent le silure,
La sole, le turbot, le rouget et le thon.


La nuit tombe. Il revient au port; la brise est fraîche.
Il songe qu'à son poids on lui paiera sa pêche
D'un bon prix qui bientôt sonnera dans sa main,


Et, dans le ciel, il voit, luisante et métallique,
Déjà, comme un salaire a son travail marin,
Une lune d'argent se lever sur Cyzique.

# AGRIGENTE

Sur la colline fauve où l'herbe fut brûlante,
Le fronton grec s'appuie encore au chapiteau,
Mais plus d'une colonne a chu sous le fardeau
Et les temples, par blocs, jonchent la noble pente.


Le soir vient. L'olivier dont la feuille s'argente
Frissonne au bord poudreux de l'Acragas sans eau,
Et dans le sable sec piétine le troupeau
Des chèvres que mènent tes pâtres, Agrigente!


Tes médailles jadis, dans l'or et dans l'argent,
Montraient l'aigle céleste et le crabe nageant,
Quelque profil divin ou le quadrige agile,


Mais aujourd'hui sur toi, dans l'azur noir des cieux,
La lune arrondit seule en la nuit de Sicile
Son disque sans emblème et son orbe sans dieux.

METAPONTE

# MÉTAPONTE

Que celui-ci, pasteur, s'occupe de la tonte,
Que l'un soigne la ruche et l'autre le jardin,
Que tel taille la vigne et coupe le raisin,
Qu'un autre encor maitrise un étalon qu'il dompte,


Que celui-là, du haut de la barque qu'il monte,
Lance l'aigu trident ou le filet marin,
Aucun de nos travaux n'est inutile et vain
Et notre effort divers enrichit Métaponte!...


Moi, son rustique fils, et qui tiens l'aiguillon,
Je pousse la charrue et creuse le sillon
D'où la houle du blé déroulera sa nappe,


Et c'est moi qui lui donne, honneur du sol natal,
Pour l'inscrire en symbole aux pièces qu'elle frappe,
Le bel Épi qu'on voit au revers du métal.

# CYZIQUE

Un grand platane étend son ombre magnifique
Où chante une fontaine avec un clair bruit d'eau ;
Un petit âne gris enjambe le ruisseau
Et trotte, qu'un vieux Turc menace de sa trique ;

Une cigogne au ciel passe d'un vol oblique ;
L'air est limpide, pur, odorant, calme, chaud,
Et l'éternelle mer étale un flot nouveau
Le long de la verte presqu'île où fut Cyzique,

En son orbe qui luit a l'horizon encor.
Le soleil fait songer a ces statères d'or
Qu'en un fauve métal, sans mélange et sans tares,

Tu frappais autrefois de ton coin, ô Cité,
Et qui portaient jadis jusqu'aux terres barbares
Le renom de ta gloire et de ta probité.

EPITAPHE

## ÉPITAPHE

Je suis mort. J'ai fermé mes yeux à la clarté.
Celui qui fut hier Proklès de Clazomène
N'est plus qu'une ombre errante et qu'une cendre vaine,
Sans parents, sans amis, sans maison, sans cité.


Est-ce déjà mon tour de boire au froid Léthé ?
Mais le sang ralenti s'est figé dans ma veine ;
Fleur du sol d'Ionie, à quinze ans, c'est à peine
Si mon printemps trop bref devina son été.


Adieu, ville ! Je pars pour le sombre voyage
Et j'emporte avec moi pour payer mon passage
La drachme que l'on doit au nocher souterrain.


Heureux à son métal de retrouver encore,
Sur le disque d'argent qui luira dans ma main,
Le beau cygne qui manque au fleuve sans aurore !

LE VERGER

# LE MIROIR

Les Dieux m'aiment, Passant; c'est pourquoi je suis morte
Dans l'éclat parfumé de ma jeunesse en fleur;
Jusqu'au trépas ma joue a gardé sa couleur,
Et mon corps est léger au destin qui l'emporte.

Que le printemps sans moi reparaisse, qu'importe!
Ne crois pas que mon sort mérite quelque pleur
Parce que, quand viendra l'été lourd de chaleur,
Je ne m'assoirai plus sur le seuil de ma porte:

Je ne regrette rien de la clarté du jour.
J'ai vu ta face ô Mort, et ton visage, Amour!
A qui fut doux l'amour, la mort n'est pas cruelle.

Je descends vers le Styx et non vers le Léthé,
Car, pour me souvenir que, là-haut, je fus belle,
N'ai-je point le miroir où riait ma beauté?

# L'ESCLAVE

C'est bien. Vos poings brutaux ont défoncé ma porte
Et vous avez pillé la grange et le cellier
Et tari la citerne et rompu l'escalier.
L'oreille n'entend plus quand la voix est trop forte.

Vous jouâtes mon or aux dés de la cohorte.
Ma vie et mon destin sont a vous. Au pilier,
Mon corps débile et nu fut facile a lier.
J'étais libre. Je suis esclave. Que m'importe !

Vous pouvez m'emmener, courbé sous le fouet dur,
Vers les mornes pays où l'aube est sans azur,
Rendre aveugles mes yeux qui virent ma ruine,

Mais m'empêcherez-vous d'avoir, et pour jamais,
— O jeune souvenir dont ma nuit s'illumine ! —
Entre mes bras tenu la femme que j'aimais ?

LE·SOUVENIR

# LE SOUVENIR

Laisse-moi. Tu sais bien que mon cœur est blessé,
O Souvenir ! Pourquoi me parles-tu dans l'ombre,
A moi qui ne veux plus revoir sous un ciel sombre
Le chemin de l'amour où mes pas ont passé ?


Pourquoi m'apportes-tu, du temple renversé,
Cette pierre choisie au monceau du décombre,
Et pourquoi donc choisir, seule parmi leur nombre,
Celle qui porte encore un nom presque effacé ?


Ah ! je n'ai pas besoin, pour que je me souvienne,
Que ta cruelle main s'empare de la mienne
Afin de la poser sur mon cœur palpitant !


Il me suffit que, tendre, odorante et farouche,
Fleurisse, toujours jeune en le jeune printemps,
La rose qui ressemble a ce que fut sa bouche !

# LE DON

J'aurais pu, comme un autre, à la panse du vase
Dessiner d'un beau trait la figure des Dieux :
Mars irrité, Bacchus, Apollon radieux,
Neptune et son trident, Mercure et son pétase ;

Ou bien, sur la paroi dont le contour s'évase,
J'aurais pu te montrer, pour réjouir tes yeux,
Les Trois Grâces avec le chœur mélodieux
Des Neuf Muses qu'à la fontaine suit Pégase.

Mais, sachant ton respect des lignes, j'ai voulu
Qu'il se dressât en sa beauté, debout et nu,
Sans que dansât autour la Nymphe ou le Satyre,

Et si pur en son galbe éloquent et sacré
Que tu crusses, en regardant son flanc pourpré,
Entendre un chant d'amour aux cordes d'une Lyre !

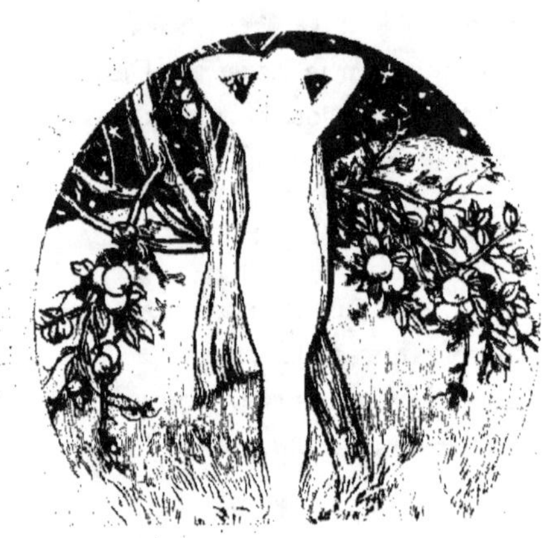

# LA BEAUTÉ

Ta divine présence éparse en chaque chose
Se révèle parfois a nos yeux, ô Beauté,
Et tu es, tour a tour, en ta diversité,
Aussi bien ce fruit clos que cette étoile éclose.


Tu es cette eau qui fuit et cette eau qui repose
Entre les herbes d'or et le sable argenté,
Cette senteur d'automne et ce parfum d'été,
Et tu es cette aurore et tu es cette rose.


Le changeant univers est ta forme secrète :
La nature en son jeu te reprend et te prête
Les visages nombreux où je te reconnais,


Mais jamais, ô Beauté, tu ne m'es apparue
Plus belle que quand, grave et soudaine, tu fais
D'une femme sans voile une Déesse nue.

# SALOMÉ

Salomé, vous avez les parfums et les baumes
Et les jardins royaux dans la pourpre des soirs,
Les étoffes, les fards, les gemmes, les miroirs,
Et les citernes d'eau, sonores sous leurs dômes !


Salomé, vous avez les danses. A vos paumes
On a peint des signes magiques, verts et noirs;
Votre corps qui les guide a d'infâmes espoirs
Rend aux morts le désir et l'ardeur aux fantômes.


Alors pourquoi voulûtes-vous, ô Salomé,
Que, du tronc nu, roulât le chef inanimé ?
Fut-ce afin que se tût la voix âpre et farouche


Ou pour voir si, parjure a ses rêves divins,
Ne tressaillirait pas au feu de votre bouche
La tête aux yeux fermés qui saignait en vos mains ?

QVE·BENIE·SOIT·LA·TETE·PORTE·CE·CASQVE
LE CASQUE

## LE CASQUE

Cinquième souverain des sultans Séfévides,
Chah-Abbas a régné sur la Perse. Il fut grand.
Son nom, entre les noms des princes de l'Iran,
N'est pas qu'un écho vain fait de syllabes vides,


Car il bâtit, pour défier les ans rapides,
Mesdjid-i-Chah, mosquée a quadruple liwan;
Comme au palais d'Achref, au Tchar-Bag d'Ispahan,
Il vit fleurir la rose en ses jardins splendides...


Guerrier, son casque, avec couvre-nuque et nasal,
Montre, damasquinée en son riche métal,
L'arabesque sans fin qui renaît d'elle-même,


Et, dans l'acier où l'or aux lettres resplendit,
On peut lire en relief des versets de poème,
L'un, entre autres, tiré du Bostan de Sâdi.

L'ARRIVÉE

# L'ARRIVÉE

C'est le matin de la Mille et Unième Nuit...
Le navire léger glisse sur l'onde plane ;
La mer est transparente et l'air est diaphane ;
L'alcyon nous précède et le dauphin nous suit.

*

Sur Stamboul, que nos yeux connaîtront aujourd'hui,
Un brouillard vaporeux flotte, s'étend et plane ;
Les fuseaux des cyprès a des mains de sultane
En ont filé les fils d'argent où de l'or luit.

*

Ainsi nous apparut, ô Ville orientale,
Ton visage secret et souriant et pâle
Sous le voile subtil de l'aube et de l'été,

*

Comme Schéhérazade, ô toi, dont, belle encore,
Le Temps au sabre courbe épargna la beauté
Pour entendre ta voix lui parler a l'aurore !

# LES OSMANLIS

Ils sont là, tous, depuis celui des fils d'Osman
Qui, par la Porte d'Or, en un soir de conquête,
Sur Byzance planta l'étendard du Prophète,
Et qui soumit la croix au joug mahométan.

Tous : Sélim, Bayésid, Mourad, Suléïman,
Chacun, en son habit de victoire et de fête,
N'est plus, sous le brocart, qu'un mannequin sans tête
Que, d'une aigrette en feu, coiffe le lourd turban.

Leur simulacre vide est une forme vaine,
Ils sont morts, et le sabre, en l'or clair de la gaine,
S'offre aux manches sans bras, sans poignet et sans main ;

Mais, sur le Vieux Sérail qu'empoupre leur histoire,
Monte encor vers le ciel le cri du muezzin
Et, derrière eux, Stamboul est debout dans sa gloire!

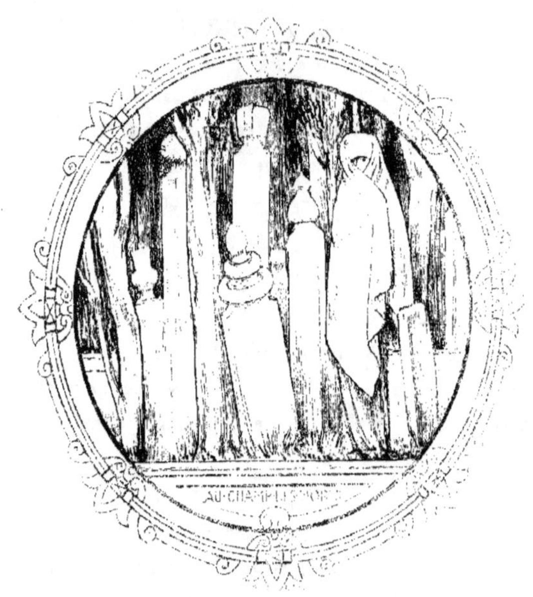
AU CHAMP DES MORTS

# AU CHAMP DES MORTS

Ils ne sont de mon sang non plus que de ma race
Ceux qui dorment ici, dans le sol musulman,
Et nous n'avons vécu dans le temps et l'espace
Ni les mêmes espoirs ni le même tourment...


A Scutari la sainte où pousse l'herbe grasse,
Sous les sombres cyprès d'Eyoub cher au croyant.
Ne reposera pas, en leur paix où je passe,
Mon sommeil étranger sous la stèle a turban.


Mais en ce jour où j'ai rêvé parmi leurs tombes
En regardant au loin bleuir la Corne d'Or,
Là, je me suis senti fraternel a tes morts,


Stamboul, ayant comme eux vu voler tes colombes,
Aimé ton ciel, tes eaux, tes arbres, et, comme eux,
Le visage voilé de femmes aux beaux yeux !

RETOUR·SUR·L'EAU

## RETOUR SUR L'EAU

Le jour décroît. Stamboul s'éloigne. Le caïque
Remonte le Bosphore en fendant le flot prompt
Et longe, sous l'effort qui pèse à l'aviron,
Silencieusement la rive asiatique.


Des villages. Maisons en bois. Platane. Crique.
Vieux yalis peints de rouge et d'ocre. Un doux vallon.
Un kiosque, une odeur de jasmin, et, le long
D'un quai de marbre où passe un Turc, un chien étique...


Quelques tombes parmi les cyprès... C'est le soir.
Je pense à cet habit de guerre qu'on fait voir
Au Trésor des Sultans, en sa vitrine close :


Au siège de Bagdad, Amurat l'a porté...
La gloire ne vaut pas le parfum d'une rose,
Et le temps où l'on aime est seul l'éternité !

## L'AVEUGLE

SA JEUNESSE JADIS A VU NAÎTRE L'AURORE
DANS LE CIEL MATINAL ET SUR LES CALMES EAUX,
ET LE SOLEIL, DE SES RAYONS HORIZONTAUX,
TEINDRE DE MILLE FEUX LES ONDES DU BOSPHORE ;

MAINTENANT, DEVANT LUI, LA FOULE AU PAS SONORE
PASSE INVISIBLEMENT SANS HÂTE NI REPOS,
ET SES YEUX, SUR LE MONDE, A JAMAIS SE SONT CLOS.
SON REGARD NE VOIT PAS L'AUMÔNE QU'IL IMPLORE.

SUR LE GRAND PONT QUI JOINT STAMBOUL A GALATA,
PAREIL AU SOUVENIR, CHAQUE JOUR, IL EST LÀ.
SI LA VILLE, LÀ-BAS, EST D'OR OU D'HYACINTHE,

QU'IMPORTE ! UN RÊVE ARDENT REMPLIT SA CÉCITÉ,
CAR IL CONSERVE ENCOR, VIVANTE EN SA BEAUTÉ,
CONSTANTINOPLE AU FOND DE SA PRUNELLE ÉTEINTE !

CROQUIS D'ORIENT

# CROQUIS D'ORIENT

Le soleil, dans l'azur épais, luisant et gras,
Est comme un fruit obèse et dont l'écorce éclate,
Auquel ce bon vieux Turc compare sur sa natte
La citrouille turgide au milieu des cédrats.

Au seuil de sa boutique amoncellent leurs tas
L'aubergine vineuse et la rouge tomate,
Et son œil en extase aux couleurs se dilate.
Le turban rond s'enroule à son crâne au poil ras.

Dans l'ombre, il va bientôt s'étendre pour la sieste,
Tandis qu'une âcre odeur de miasme et de peste
S'exhale autour de lui de ce quai d'Orient.

Où, Sultane de rêve aux merveilleux royaumes,
Il sent venir, avec un frisson souriant,
La fièvre fabuleuse et diverse en fantômes.

# LA MOURADIÉ

Le vieil Imân a turban vert, maigre et courbé,
Égrène un chapelet qui glisse sous son pouce,
Et, devant nous, d'un geste très pieux, il pousse,
Silencieusement, la porte du Turbé.

Les quatre murs sont blancs sous le dôme bombé,
D'où, par un trou rond, coule une lumière douce,
Et, dans le sarcophage empli de terre, pousse
Un peu d'herbe a l'endroit où la pluie a tombé.

Ce fut ainsi, que le Sultan Mourad, pauvre homme
Aux yeux d'Allah, voulut dormir son dernier somme
Sous la coupole ouverte aux orages du ciel,

Lui qui se fit tailler, humble en sa gloire altière,
Afin d'être mieux prêt a l'ordre d'Azraël,
Un carré de cuir brut pour tapis de prière !

LE TURBE VERT
A·G

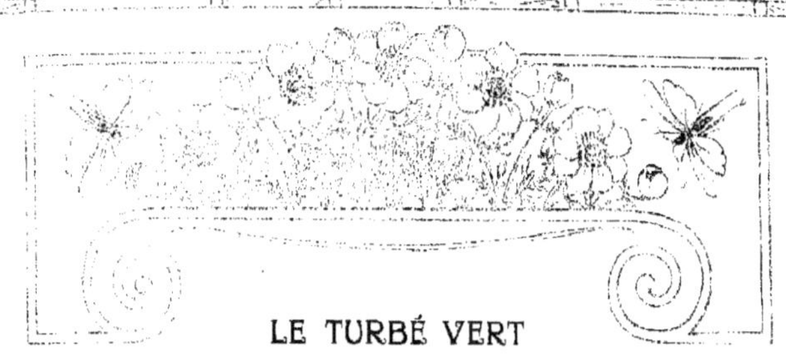

# LE TURBÉ VERT

C'est un vainqueur qui dort sous la pompe persane
De ces riches carreaux dont l'enduit transparent,
En sa couleur changeante et son reflet errant,
Montre des fleurs d'émail que nul hiver ne fane.

Mais a quoi bon avoir, pour la foi musulmane,
Par le sabre, imposé la règle du Coran,
Et que t'aura servi ce tombeau, Conquérant,
Puisque le vil talon du giaour le profane ?

Malgré ta gloire, ô Mohammed, tu n'es plus rien !
Ton nom fait-il songer a son éclat ancien
Cette fillette assise a l'ombre d'un platane,

Et qui, l'œil mi-voilé lorsque passe un chrétien,
Caresse, en regardant ton Turbé de turquoise,
Le petit lièvre roux que sa main apprivoise ?

LE NOM

# LE NOM

Vous ne fûtes longtemps, ô nom oriental,
Qu'un incertain écho de splendeur et de gloire
Où pour moi se mêlait, dans un bruit sans mémoire,
Le frisson de la soie a l'éclair du métal.


Vous étiez le marteau délicat et brutal
Sous qui le fer ardent bave a l'enclume noire,
Et l'aiguille qui fait, au tissu qui se moire,
Courir en arabesque un fil ornemental.


Maintenant, ô Damas, je sais votre beauté.
Je connais dans leur grâce et dans leur vérité
Le parfum de vos fleurs et l'eau de vos fontaines,


Car, devant le turbé du sultan Saladin,
J'ai vu, par un beau soir, près d'une vasque pleine,
S'épanouir la rose a l'ombre du jasmin !

LE DÉPART

# LE DÉPART

Dans le bazar bruyant, mystérieux et sombre
Qui sent l'huile, le fruit, le cuir et le jasmin,
J'ai marchandé longtemps et touché de la main
Le harnais, le tapis, la figue et le concombre.

Grave et chaude, j'ai vu sur toi descendre l'ombre,
Damas ! Un soir, le long de ton vieux mur romain
Où le Seigneur frappa saint Paul en son chemin,
J'ai marché lentement sur la route en décombre.

Sur le toit en terrasse et sur le dôme blanc,
J'ai vu la lune courbe au beau ciel musulman
Faire aboyer les chiens et gémir les fontaines,

Et, pour mieux conserver l'image où tu me suis,
J'emporterai, gardien de tes beautés lointaines,
Ce clair sabre pareil à l'astre de tes nuits !

L'AMOUR ET LE TEMPS

# LA ROSE ET L'ÉPÉE

Damas ! Comme on respire a tes roses coupées,
Leur odeur déja morte et qui est douce encor,
J'aime le souvenir mystérieux et fort
Qu'évoque ton beau nom dans un éclair d'épée.

En lui vibre l'écho des enclumes frappées
Ou le métal rougit, étincelle et se tord
Et murmure le long frisson de soie et d'or
Des étoffes d'azur et de pourpre trempées.

Car, savante a forger l'acier souple des lames,
Tu sus faire courir en arabesque aux trames
Les innombrables fleurs de tes riches jardins ;

Et si tes marteaux lourds et tes métiers inertes
Se sont tus, ô Damas, de tes rosiers divins
S'exhale le parfum de leurs roses ouvertes.

SOUVENIRS·D'ORIENT

# SOUVENIRS D'ORIENT

Quand je ferme les yeux, ô souvenir, je vois
Une cour de mosquée où le pigeon roucoule
Et, sur le pavé blanc que bigarre la foule,
L'ombre d'un dôme rond et de minarets droits.

Puis c'est le bazar sombre et ses couloirs étroits
Et la boutique où s'offre a mon pied qui le foule
L'éclatante couleur d'un tapis qu'on déroule
Tandis que le marchand calcule sur ses doigts.

Je respire une odeur d'Orient où se mêle
La feuille de la rose au poil de la chamelle,
La graisse qui grésille et le café qui bout.

Et, sur ma langue avide et que le sucre allèche,
Il me semble, ô Damas, sentir encor le goût
De l'abricot confit et de la figue sèche !

# LE CYPRÈS

Si, plus doux, le parfum des roses dans le soir,
Au fond du jardin sombre où le silence écoute,
Se mêle au bruit plus frais de l'eau qui, goutte à goutte,
Déborde de la vasque et coule au réservoir ;


Si, dans l'ombre plus solennelle, je crois voir,
— Moi dont le long amour pensait te savoir toute,
O cher visage auquel un prestige s'ajoute, —
Ton regard plus profond, plus secret et plus noir,


C'est que j'évoque alors, auprès d'autres fontaines,
D'autres roses en fleurs, puissantes et lointaines,
Que Brousse et que Damas colorent de leur sang,


Et qu'un charme nouveau, de là-bas, t'a suivie
Pour avoir entendu dans les nuits d'Orient
Le rossignol gémir sur les cyprès d'Asie.

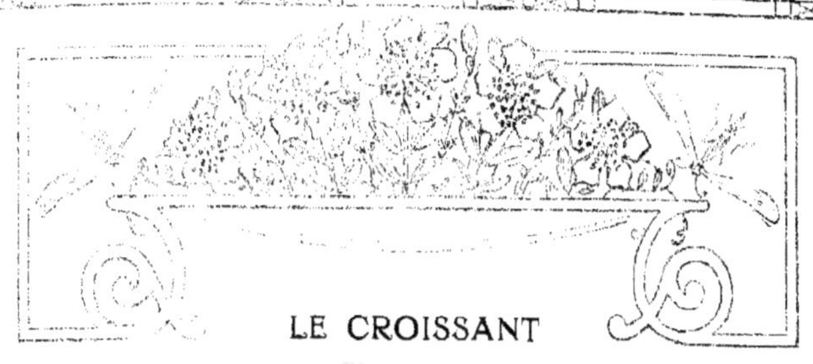

## LE CROISSANT

La poterne, dans la muraille, ouvre a l'abord
Sa voûte oblique et basse où le pavé résonne,
Et l'antique rempart que le créneau couronne
Veille toujours a pic sur la plaine et le port.

Le palais du Grand Maître est là, debout encor ;
Ici les Chevaliers dont l'Ordre l'environne
Ont leurs nobles logis qu'un blason écussonne.
L'héroïque passé survit en son décor.

Si l'épais bastion que la tour ronde flanque
N'a pas, du joug haï, sauvé la cité franque,
Rhodes, tu coûtas cher au vainqueur musulman,

Car, autour de tes murs un vaste cimetière
S'incurve encore, comme un funèbre croissant,
Où trente mille Turcs ont pourri dans la terre !

# LE SPECTRE ROUGE

Tes os ne dorment pas au tombeau que Venise
Te dressa vainement, ô grand Patricien !
Il est vide. Tu ne gis pas en lieu chrétien,
O martyr qui connus le couteau qu'on aiguise !


L'épitaphe est pompeuse et noble. Qu'on la lise
Et l'on saura quel sort farouche fut le tien :
O deuil, Chypre tombée au pouvoir du païen,
Et ta mort héroïque a Famagouste prise !


Ici, dans son vieux port que son haut mur défend,
A la place où les Turcs t'ont écorché vivant,
Écarlate et debout en ta chair torturée.


J'ai cru voir, Bragadin, rôder sur le rempart
Ton fantôme sans peau tendant sa main pourprée
Que léchait en pleurant le Lion de Saint-Marc.

# LÉPANTE

Sur le golfe, le port, la ville et le rempart,
Le soir est bleu. La mer en murmurant se brise
Où, jadis, dans un bruit d'abordage et de prise,
Retentit le pierrier et claqua l'étendard.

⁂

L'aigle a deux têtes et le lion de Saint-Marc
Ont guidé là, d'un vol que l'histoire éternise,
Les galères d'Espagne et celles de Venise
Que ruait sur le Turc l'impérial Bâtard.

⁂

Salut, Juan ! par qui la croix fut la plus forte !...
Aujourd'hui le silence endort la cité morte
Derrière ses vieux murs pleins d'échos glorieux ;

⁂

Et j'ai vu, du château qui couronne sa pente,
Se lever, souvenir d'un soir injurieux,
Pâle encor, le croissant, en face de Lépante !

# L'ACHILLÉION

La villa blanche est close, et le jardin désert
Jusqu'au golfe descend de terrasse en terrasse.
L'allée est sans empreinte où personne ne passe
Et nulle voix ne vibre au silence de l'air.

Près du rosier en fleurs et près du laurier vert,
Homérique et guerrier sous sa lourde cuirasse,
En son marbre succombe au mal qui le terrasse
Un Achille blessé qui meurt devant la mer.

Toi que l'odeur du vent et des roses enivre,
Va-t'en, et porte ailleurs le bruit qu'on fait à vivre,
Car une ombre tragique est errante en ces lieux,

Qui, comme le héros par la fléche ennemie,
Sous la pourpre royale et doublement rougie,
A connu plus que lui la colère des Dieux !

# L'ILE

Sous la lumière d'or que le soleil tiédit
Et qui brille, s'épand, se disperse et ruisselle
Sur la mer, dont au loin l'azur lisse étincelle,
L'île en un clair sommeil doucement s'engourdit.

Silence. Pas un vol dans le ciel de midi
Ni dans le bois obscur où ne bat aucune aile.
Le temps semble immobile en une heure éternelle
Qui brûle, se consume et toujours resplendit.

Pieuse et verte, auprès du rivage dalmate,
Où, comme un fruit, Raguse en ses vieux murs éclate,
Elle étage ses pins autour de son couvent;

Et, dans l'air pur qu'imprègne un parfum balsamique,
Cime a cime, parfois, d'un frisson, on l'entend
Palpiter toute entière au souffle adriatique.

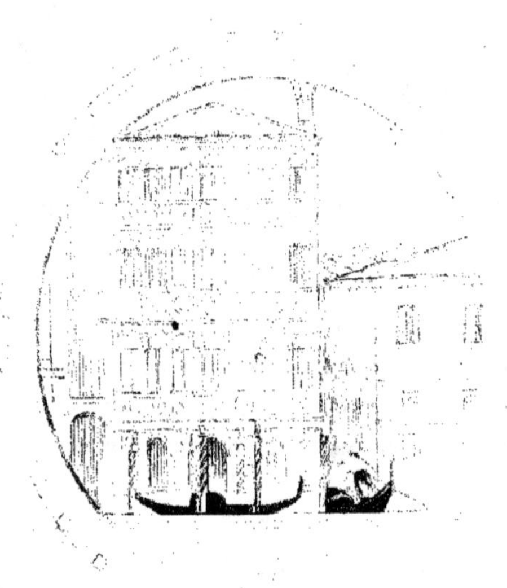

# URBIS GENIO

Venise ne t'a pas inscrit au Livre d'or
Parmi ses fils fameux dont la gloire y rayonne,
Dario, mais ton nom oriental résonne
Toujours, dans un écho de faste et de trésor,


Puisque, riche étranger venu de quelque port
De l'Archipel ou né sur la côte esclavonne,
Tu construisis, sans écusson qui le blasonne,
Ce palais, dont le Grand Canal est fier encor.


Grâce a lui, tu survis, car sa façade blanche
Montre en disques luisants, dans son marbre qui penche,
Le porphyre vineux et le vert serpentin,


Et l'on peut lire encor l'inscription latine
Par laquelle tu dédias son seuil marin
Au génie ondoyant de la ville marine.

LE SURCOUF

# LE SURNOM

Ce fut « vivant encor » que Venise a ta gloire
Vota l'honneur du bronze et voulut, ô guerrier
Dont le bras lui conquit la terre du laurier,
Qu'à ton nom s'ajoutât le nom de ta victoire.


Afin de ne pas être ingrate a ta mémoire
Et sachant l'homme enclin a trop vite oublier,
Pendant que durait l'œuvre et vivait l'ouvrier,
Elle a payé sa dette et devancé l'Histoire.


C'est pourquoi, Francesco Morosini, tes yeux
T'ont pu voir dans l'airain civique, glorieux,
Tel que contre le Turc tu commandais l'attaque,


Et que, sur ta galère a quadruple fanal,
Doge au noble surnom, Peloponnèsiaque,
Tu serrais a ton poing le lourd bâton ducal !

UN·EXEMPLAIRE·DES·DIALOGUES·D'AMOUR·DE·LEON·HÉBREU
ALDVS

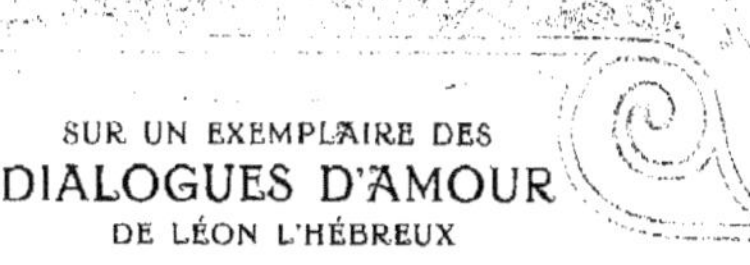



## DIALOGUES D'AMOUR
### DE LÉON L'HÉBREUX

Prends cet Alde. Il est souple et poli sous ta main.
Le papier est de choix et la lettre est accorte,
Et la première page, au bas du titre, porte
La haute ancre marine où s'enroule un dauphin.


Pour le couvrir, on n'a voulu ni parchemin
Trop orné, ni velours trop éclatant, de sorte
Que son double plat noir, pour tout luxe, comporte
A chacun de ses coins un seul fleuron d'or fin.


En sa parure sobre et sombre autant que belle,
Il évoque un décor de gondole, comme elle,
Or sur noir, a la fois galant et ténébreux.


Car c'est ainsi jadis qu'un seigneur de Venise
Fit relier pour lui, sans chiffre ni devise,
Ce livre qui plaisait a son cœur amoureux.

# LE LECTEUR

C'est un de ces beaux fils comme les peint Titien.
Le soleil de Venise a bronzé sa peau mate;
Sous le felze bombé de sa gondole plate,
Il rêve d'un amour qui répondrait au sien.


Aussi feuillette-t-il, d'un doigt patricien,
Ce vieux livre, traduit du grec de Philostrate,
Qui d'Appollonius de Tyane relate
Les pouvoirs merveilleux et l'art magicien.


Connaîtra-t-il jamais la science suprême
Qui fait qu'on soit aimé de celle que l'on aime?
Il soupire. À quoi bon chercher le vain secret?


Mais un profil charmant s'évoque en sa mémoire
Et, tour a tour, avec espérance et regret,
Il contemple anxieux la page blanche et noire.

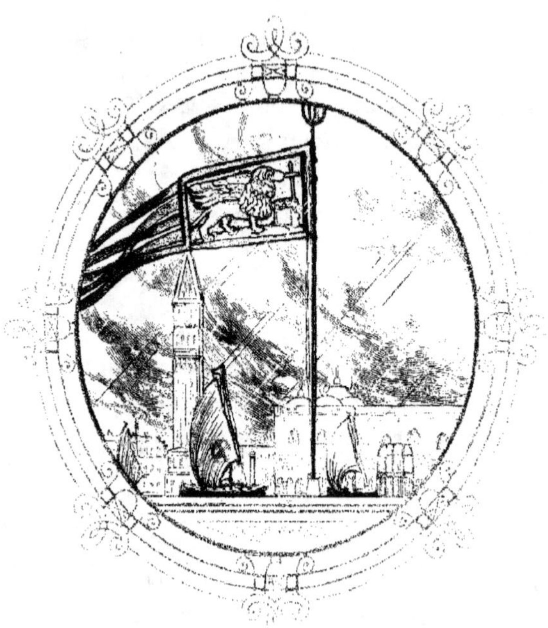

# JOUR DE VENT

Ce soir, le rude vent qui souffle de la mer
Est un passant bourru qui brusquement vous frôle ;
L'eau du canal s'irrite, et la lagune au môle
Pousse son onde forte et son flot plus amer.


Tout gronde, vibre, tremble, en ce fracas de l'air ;
La masure s'appuie au palais qui l'épaule,
Car l'antique Borée, échappé de sa geôle,
Gonfle l'Adriatique où le vaisseau se perd.


Jadis, quand l'ouragan hurlait à pleine bouche,
Ton Lion, ô Saint-Marc, anxieux et farouche,
Interrogeait les flots, de son regard d'airain,


Mais qu'importe, aujourd'hui, leur calme ou leur colère,
Venise n'attend plus a l'horizon marin
Le retour écumeux de ses rouges galères !

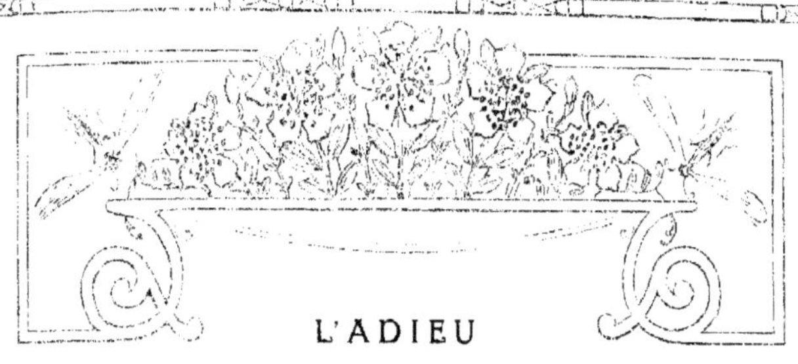

# L'ADIEU

Que leur aurez-vous dit de la ville aux beaux noms
Qui fait Zani, de Jean, et, de Louis, Alvise,
Et dont notre mémoire a nos yeux divinise
Le prestige émouvant où nous nous enivrons?

Le marbre noblement y résonne aux talons,
Se dispose en façade et se découpe en frise
Et, d'un vol sans essor en l'air bleu qui l'irise,
Unit des ailes d'aigle a des corps de lions.

Vous avez parcouru la ville inextricable,
Si belle en ses canaux que la lagune ensable,
Et, de tant de beauté, n'emporterez-vous pas.

Dans un long souvenir d'ardeur et de mollesse,
Ce doux regret, mêlé de désir, qu'au cœur laisse
Le charme d'un amour qu'on ne satisfait pas?

LES VILLES

# LES VILLES

Vous êtes a mon cœur plus douce que les villes
Que l'on voit apparaître a l'aurore et qui sont
Chères au souvenir par l'écho de leur nom,
Venises au beau ciel ou dansantes Sévilles.


Qu'elles dressent dans l'air dômes ou campaniles,
Flèches, clochers, tours a créneaux, porte a blason,
Et que leur fier passé domine, a l'horizon,
Plaines, forêts, lacs, ports ou golfes semés d'îles,


C'est en vous, pour jamais, que j'ai cherché l'abri.
Vous êtes le séjour où murmure sans bruit
Le peuple rouge et chaud du sang qui vous habite,


Tandis qu'a vos pieds nus coule, souple et joyeux,
Parmi les roseaux d'or où je chante sa fuite,
Le fleuve de mes jours qui reflète vos yeux.

# LA BELLE ALDA

Mon visage charmant, tendre et mélancolique,
Pour vous, je l'ai fait peindre, en toute la beauté
De son jeune printemps qui n'aura pas d'été,
En couleur, au fond d'un grand plat de majolique.


Lorsque je serai morte, — ainsi que vous l'indique
Le parchemin qui vous dira ma volonté, —
Placez-y, grappe a grappe, un raisin velouté,
L'amande souvent double et la grenade unique.


Amis, que ces beaux fruits que toucheront vos mains
Rappellent a vos cœurs des jeux déjà lointains !
Fut-il de plus doux fruit que ma bouche vivante ?


Et moi, je sourirai sous l'émail précieux
Et que décore la banderole où vos yeux
Liront qu'Alda fut belle et qu'Alda fut galante.

# MÉDAILLE

Qu'il soit mort par le fer, le poison ou la peste,
Podesta magnanime ou tyran redouté,
Plus d'un n'est devenu pour la postérité
Qu'un nom que nul ne loue et que nul ne déteste.

Mais toi, ce que tu fus, ta médaille l'atteste,
Et ton brusque profil en sa jeune fierté,
Par l'airain, a conquis presque l'éternité.
L'Art t'immortilisa, Lionel, marquis d'Este.

Le grand Pisanello, père de ta mémoire,
N'en assura-t-il pas la durée et la gloire
Dans ce disque de bronze où tu sembles vivant,

Et qui, sur son revers, en des poses pareilles,
Modelés par un pouce héroïque et savant,
Montre deux hommes nus qui portent des corbeilles ?

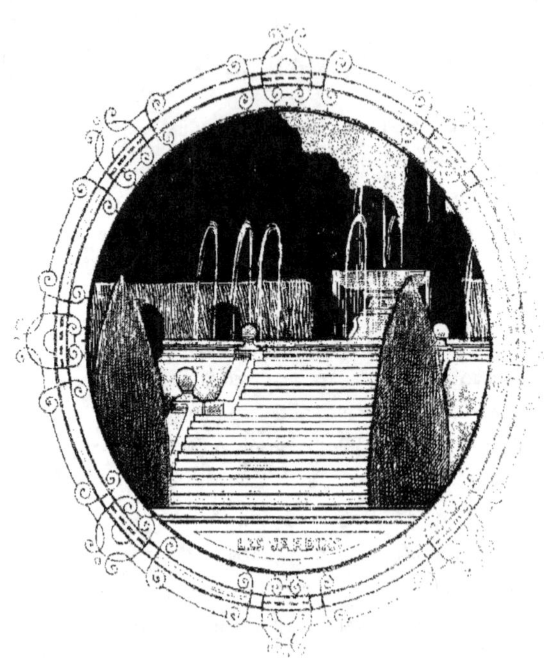
LES JARDINS

# LES JARDINS

Ne pensez pas, un jour, que mon cœur vous oublie
Et qu'il ne se souvienne plus d'avoir aimé
Vos ombrages souvent dont la paix m'a charmé,
Beaux promenoirs d'amour et de mélancolie,


Vous dont la pompe illustre à la grâce s'allie,
Qui mêlez l'un à l'autre en votre air embaumé
Et la rose odorante et le buis parfumé,
Jardins, ô chers jardins, de France et d'Italie !


Vous voici. Je revois vos marbres et vos eaux ;
J'entends mon pas lointain au fond de vos échos,
Car les lieux, comme nous, ont ausssi leur mémoire ;


Et vous ne changez point et le temps passe en vain
Et l'ombre tourne encor, mouvante, aiguë et noire,
Autour de l'if français et du cyprès romain !

# LA VILLA

Quel Prince au nom romain ou quel altier Prélat,
Las de la Cour papale ou du rouge Conclave,
Au milieu de ce site agreste, noble et grave,
A tracé ces jardins autour de sa villa ?


D'intrigue ou de complot venaient-ils rêver là,
De plaisir sans regret et d'orgueil sans entrave,
Et dans leur cœur encore ambitieux et brave
Quel long désir d'amour ou de gloire brûla ?


Je ne sais, mais il rôde en ces lieux magnifiques,
Plantés de rouvres verts et de cyprès coniques,
Comme une obscure fièvre et comme un philtre errant,


Et, vers le soir, du bord des terrasses hautaines,
On entend se mêler et frémir sourdement
Le frisson du feuillage au frisson des fontaines.

# RENCONTRE
# STENDHALIENNE

L'OMBRE QUI M'ACCOMPAGNE ET QUE SUIVENT MES YEUX
N'EST POINT VOTRE OMBRE, A VOUS, MADONE DU CORRÈGE,
A QUI L'ASCENSION DES ANGES FAIT CORTÈGE
DANS LA COUPOLE HAUTE OÙ VOUS ÊTES AUX CIEUX.


C'EST UNE AUTRE ET QUI RIT D'UN AIR MYSTÉRIEUX.
SA GRÂCE LUI COMPOSE UN TENDRE SORTILÈGE ;
ELLE SEMBLE MENER VOS PAS VERS QUELQUE PIÈGE
QUE SAURA DÉJOUER SON PIED MALICIEUX.


ELLE EST BELLE, AMOUREUSE ET DUCHESSE. FABRICE
L'AIME. RANUCE-ERNEST S'INCLINE A SON CAPRICE,
SACHANT QUEL ONGLE AIGU SA MAIN DÉLICATE A...


ET J'ÉCRIS CE SONNET DONT LA RIME ME CHARME.
A L'HEURE OÙ L'ANGELUS SONNE A LA STECCATA,
DANS LES JARDINS FARNÈSE, UN SOIR D'AUTOMNE, A PARME.

# BRESCIA

Jadis, tes artisans savaient l'art belliqueux
De battre et de polir l'acier d'une cuirasse
Et, sur son dur métal, de nouer avec grâce
L'élégante arabesque au rinceau vigoureux.


Nuls forgeurs d'Italie ou de France ainsi qu'eux
Ne surent, d'une main qu'aucune ne surpasse,
Tremper l'arme qui garde et l'arme qui terrasse
Dont l'éclair brille au poing prudent ou valeureux.


C'est pourquoi, il convient, Brescia l'armurière,
Qu'un jour on ait trouvé dans ta cité guerrière
Cette Victoire antique et qui, toute d'airain,


Semble, vibrante encor des enclumes frappées,
Avoir mêlé jadis, ô fille de Vulcain,
Le bronze de son aile au fer de tes épées !

FINITA·LA
COMMEDIA

# EN PASSANT PAR BERGAME

Sur la Fiera déserte autour de sa fontaine,
La boutique brillante et le joyeux tréteau
N'attirent plus la foule, attentive au rideau,
Par leur splendeur bizarre et leur gaieté foraine.


On n'y vend plus brocart, velours, satin et laine,
La denrée étrangère et le bijou nouveau ;
Arlequin, plus léger qu'un singe ou qu'un oiseau,
N'y rosse plus Brighelle en courtisant la Naine.


C'en est fait de la vive et folle Comédie !
Et, de la ville haute où le moine mendie,
Au théâtre en plein vent ne viennent plus s'asseoir


Le galant cavalier et la galante dame...
Et cependant l'on voit, dans le ciel pur, ce soir,
La lune, en masque d'or, se lever sur Bergame !

# LE CASTELLO

La tour est rouge, afin que de loin on la voie !
Haute, massive et forte et d'un solide élan,
Elle dresse toujours sur le ciel de Milan
Ses lourds créneaux construits par Bonne de Savoie.


Au-dessous, largement, le Castello déploie
Son enceinte que garde un fossé vigilant,
Et son mur pourpre porte, incrusté dans son flanc,
L'écu ducal sur qui la guivre bleue ondoie.


Ses salles et ses cours sont sonores aux pas ;
Les fresques des plafonds montrent des entrelacs
Assez pareils a ceux dont Ludovic le More,


A Loches, enfermé vivant dans son tombeau,
Orna, d'un art obscur qui nous émeut encore,
Sa prison souterraine au donjon tourangeau.

# LE COPISTE

C'est l'été. Dans l'air vole un moucheron taquin
Qui se pose et s'acharne au rond de la tonsure
Et que le moine, en vain, de sa manche de bure,
Chasse. Il fait chaud. Le froc sent la cire et le suint.

*

De celui qui vainquit l'Avare et l'Africain,
Du grand Charles, de qui la gloire toujours dure,
Il copie avec soin, sans surcharge et rature,
La vie, ainsi que l'écrivit maître Alcuin.

*

Il s'arrête parfois, tourne la tête, songe.
L'encre sèche; le soir vient et l'ombre s'allonge
Sur la dalle, et le moine a tressailli, croyant,

*

Dans la corne d'un pâtre, au fond de la campagne,
Là-bas, soudain entendre, au souffle de Roland,
Le cor a Roncevaux appeler Charlemagne!

# LE CLOÎTRE

Jadis, quelque rustique et pieux jardinier,
Bêche en main, au soleil inclinant sa tonsure,
A décoré de fleurs et planté de verdure
Ce doux jardin qu'enclôt le cloître familier.


Depuis, enguirlandant l'arcade et le pilier,
A l'abri du vent brusque et de la bise dure,
Du parterre natal jusques a la voussure,
A grimpé le lierre et grandi le rosier.


Mon amour est pareil au jardin de ce cloître
Solitaire où le temps, qui détruit tout, fait croître
Plus vivace la fleur et plus fort le rameau,


Car, a chaque printemps, je vois ma vie éclose.
En son même parfum éternel et nouveau,
Au rosier plus nombreux, d'une plus haute rose.

# PARVA DOMUS

Ami, votre maison domine la vallée.
Au flanc du coteau vert elle est plaisante a voir
Près de son rocher creux où fut le vieux pressoir
Qui lui donna le nom dont elle est appelée.


J'aime son salon clair et sa salle dallée
Où le losange alterne au carreau, blanc et noir,
Et sa terrasse bonne a s'y venir asseoir
Du matin vaporeux a la nuit étoilée.


Fidèle au coin de terre où sont nés vos aïeux,
Devant cet horizon familier a vos yeux,
Vous cueillez doucement les grappes de la vie.


Heureux celui qui peut, comme vous, de son seuil,
Respirer l'air de France avec un fier orgueil
Et l'aimer mieux encor de l'avoir bien servie !

# L'ABSENCE

Dans la chambre déserte, auprès de l'âtre éteint,
Où l'air silencieux a l'odeur de l'absence,
Je viens lire, l'esprit plein d'espoir et de transe,
Chaque lettre de toi qu'apporte le matin ;


Le timbre qui la marque est d'un pays lointain.
Mais que me font le temps, l'espace et la distance ?
Le papier parle, rit, soupire, pleure, pense.
Un fantôme s'esquisse au miroir incertain.


O miracle ! Le feu sous la cendre vermeille
Renaît ; la flamme luit, palpite, se réveille.
Il me semble t'entendre et que je te revois,


Car, par un cher prestige où mon cœur s'émerveille,
La lettre, le miroir, me rendent à la fois
L'écho de ton image et l'ombre de ta voix.

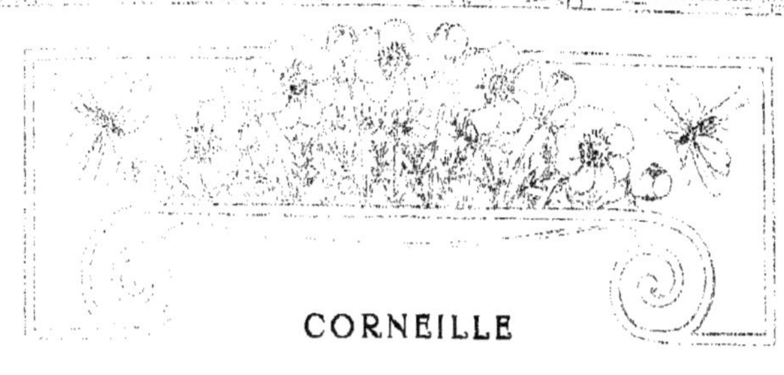

# CORNEILLE

Lorsque par lui le Cid tira sa jeune épée,
La France tressaillit d'un tragique frisson
A voir le fils venger — et de quelle façon ! —
La paternelle joue indignement frappée.


Puis ce furent Horace et, de pourpre drapée,
Rome tendant les bras à ce fier nourrisson,
La clémence d'Auguste et sa noble leçon
Et Rodogune avec Polyeucte et Pompée.


Mais le feuillage meurt avant l'arbre vieilli,
Et le plus beau laurier défend-il de l'oubli
Puisque son siècle fut ingrat au grand Corneille,


Et qu'il fallut, un jour, que la Postérité,
Pareille à quelque Cid en qui l'honneur s'éveille,
Rajustât sa couronne à ce front irrité ?

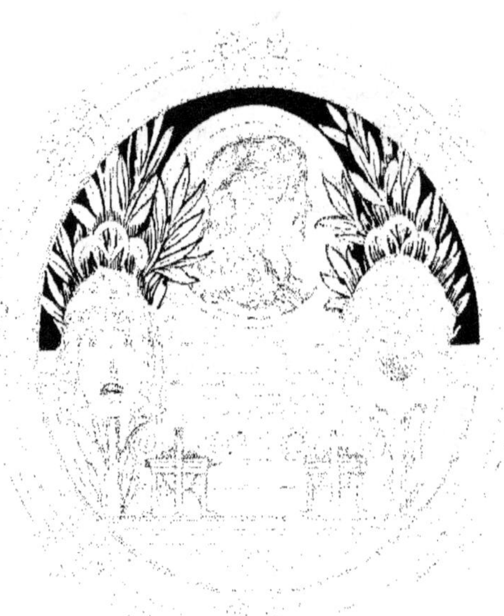

## AU BAS D'UN
## PORTRAIT DE MOLIÈRE

Le valet qui friponne et le tuteur qui peste,
Le pédant, le marquis, le sot et le barbon,
L'apothicaire, le fâcheux, tout lui fut bon,
De l'esclave rustique au Jupiter céleste ;


L'intrigue et l'imbroglio, la gambade et le geste,
La mascarade, la seringue et le bâton,
Et jusq'au Turc obèse a turban de coton,
Et le sac de Scapin et les rubans d'Alceste.


Mais, farce a la chandelle ou haute comédie,
De tout ce qu'inventa sa verve, son génie
En a fait de la vie et de la vérité ;


Et c'est pourquoi ces yeux, ce front et cette bouche
Reçurent le baiser de l'Immortalité,
Qui d'abord, avaient pris leçon de Scaramouche !

LA·JOURNÉE·DE·RACINE

# LA JOURNÉE DE RACINE

Le poëte Racine a fini sa journée.
Le coude sur la table, il songe. Est-il content?
Et le bec de la plume au bruit intermittent
Ne mord plus sous sa main la page égratignée.


A-t-il d'une épigramme élégamment tournée
Trouvé la pointe acerbe et le trait irritant?
Non, un plus noble soin l'a tenu haletant,
Et voici qu'il relit la scène terminée.


Son regard, dont parfois l'expression trop fine
A fait dire de lui: le perfide Racine,
Est très tendre, très fier, très pensif et trés doux,


Car il fut, tout le jour, ô douleur, ô délice!
Témoin des beaux adieux qu'adresse sans courroux,
A Titus qui la fuit, la reine Bérénice.

## A LE NÔTRE

Plus d'un a, comme toi, fait chanter les fontaines
Et, dressant la statue auprès du miroir d'eau.
A tenté, par le pic, la serpe et le cordeau,
D'asservir la nature a des règles certaines ;


Mais ton sobre génie, au lieu de grâces vaines,
N'a voulu que le grand, n'a cherché que le beau
Pour satisfaire mieux que Mollet et Boyceau
Toute l'intelligence et la raison humaines.


Nul n'a su, d'un esprit plus noblement Français,
Faire œuvre de mesure et d'ordre, car tu es
Le maître dans un art où ne te vaut nul autre ;


Si bien, ô glorieux et royal jardinier
Que ton siècle jaloux de ton renom entier.
A défaut de ton nom, t'eût surnommé Le Nôtre.

# LE·JEUNE·ORFÈVRE

Il n'est pas défendu, quand le maître est sorti,
Ayant, sa tâche faite, achevé sa journée,
Qu'au lieu de délaisser la forge abandonnée,
A son tour, au travail s'exerce l'apprenti.

Le voilà seul. Sa main touche sur l'établi
Le poinçon glorieux et par qui fut signée
La bague au fier chaton savamment façonnée
Où brille le béryl dans l'or courbe serti.

Mais soudain, rougissant de sa naïve audace,
Il lui semble qu'un œil le raille et le menace
Dans le rubis farouche et le clair diamant ;

Hélas ! son nom encor n'est pas inscrit au Livre
Et, modeste, il s'applique a fixer humblement
Une perle de verre en un cercle de cuivre !

# TABLE

LE MÉDAILLIER
EXTRAIT DE
LE MIROIR DES HEURES
AUGMENTÉ
DE DEUX SONNETS INÉDITS
ÉTABLI PAR LES SOINS DE
H. VEVER ET E. DE CRAUZAT
ORNÉ
D'ILLUSTRATIONS EN COULEURS DE
ADOLPHE GIRALDON
GRAVÉES PAR Mᵐᵉ RITA DREYFUS
COMPOSÉ
AVEC LES CARACTÈRES GIRALDON
ET IMPRIMÉ PAR G. DEBERQUE
A ÉTÉ TERMINÉ
LE 20 OCTOBRE 1923.